Ein Trainingsplan zur Senkung des Blutdrucks, Gewichtsreduktion und Stressminderung. Ausdauertraining bei einer weiblichen Kundin

Eine Einsendeaufgabe

Christian Bürkel

Bibliografische Information der Deutschen Nationalbibliothek:

Die Deutsche Nationalbibliothek verzeichnet diese Publikation in der Deutschen Nationalbibliografie; detaillierte bibliografische Daten sind im Internet über http://dnb.d-nb.de abrufbar.

ISBN: 9783346302465
Dieses Buch ist auch als E-Book erhältlich.

Inhaltsverzeichnis

1 Diagnose

1.1 Allgemeine und biometrische Daten

Tab. 1: Allgemeine und biometrische Daten (eigene Darstellung)

Alter	29 Jahre
Geschlecht	weiblich
Körpergröße	1,63
Körpergewicht	69 kg
BMI	26,0
Trainingsmotive	- Gewichtsreduktion - Allgemeinen Gesundheitszustand verbessern - Stressminderung durch sportliche Ablenkung
Berufliche Tätigkeit	Assistenz der Geschäftsführung in einem Automobilkonzern
Aktuelle sportliche Aktivitäten	Am Wochenende 70 Minuten Walken in einer Frauengruppe
Frühere sportliche Aktivitäten	2 Mal / Woche Schwimmen: 45 bis 60 Minuten
Zeitlicher Verfügungsrahmen	2 bis 3 Mal / Woche 45 – 60 Minuten
Blutdruck	141/90 mmHg
Ruhepuls	69 Schläge pro Minute
Allgemeiner Gesundheitszustand	- Keine Einnahme von Medikamenten - Keine orthopädischen und internistischen Probleme - Keine aktuelle ärztliche Behandlung

Die Bewertung des Blutdrucks der Kundin liegt mit dem Wert 141/90 mmHg im Bereich der Hyperthonie I. In diesem Bereich weisen die Normwerte einen Wert von 140-159 mmHg / 90-99 mmHg (Vergleich Tab. 2) auf.

Tab. 2: Blutdruck Normwerte (mod. nach Mancia et al., 2013, S.1286)

Tabelle 3

Tabelle 4

Diagnose	Systolisch	Diastolisch
Optimal	<120 mmHg	< 80 mmHg
Normal	120-129 mmHg	80-84 mmHg
Hochnormal	130-139 mmHg	85-89 mmHg
Hypertonie Grad 1	140-159 mmHg	90-99 mmHg
Hypertonie Grad 2	160-179 mmHg	100-109 mmHg
Hypertonie Grad 3	> 180 mmHg	> 110 mmHg

Als normal ist der Ruhepuls zu bewerten. Ein Normwert von 60-80 Schlägen pro Minute weist auf eine normale Pulsaktivität der Kundin hin. (Vergleich Tab. 3) Der Ruhepuls der Kundin passt zu Ihrem Trainingszustand. Sie wird im Bereich des geplanten Ausdauertrainings als Anfängerin eingestuft.

Tab. 3: Normwerte Ruhepuls (mod. nach Weineck, 2003, S.50)

Tab. 3: Normwerte Ruhepuls (mod. nach Weineck, 2003, S.50)

Puls	Einordnung
60-80 Schläge pro Minute	Durchschnittbürger
50-60 Schläge pro Minute	Gut trainierte Sportler
Unter 50 Schläge pro Minute	Leistungssportler

Der berechnete Body Mass Index liegt mit 26,0 im Bereich des leichten Übergewichts (Vergleich Tab. 4). Diese Einstufung passt zu den bereits verglichenen Parametern (Ruhepuls, Blutdruck). Zusammen mit dem BMI kann die Kundin somit als untrainierte Person behandelt werden, was eine starke Berücksichtigung bei den folgenden Tests und Plänen bedarf.

Tab. 4: Klassifizierung des Body Mass Index (BMI) mod. nach der WHO

Einstufung	BMI weiblich	Gewicht
Untergewicht	Unter 19	Unter 50 KG
Normalgewicht	19-24	50-65 KG
Übergewicht	25-30	66-81 KG
Adipositas	31-40	82-107 KG
Starke Adipositas	größer 40	größer 107 KG

Die bereits erhobenen und verglichenen Parameter sind wichtige Indikatoren um die Effektivität des durchgeführten Trainingsprogramms zu kontrollieren. Im Bereich des Gesundheitssports und der Prävention sollten gerade diese Parameter regelmäßig kontrolliert werden.

1.2 Leistungsdiagnostik/Ausdauertestung

Um den allgemeinen Gesundheitszustand und Trainingsstand der Kundin bestimmen zu können wird zu Beginn ein Ausdauertest durchgeführt. Anhand der Testergebnisse kann eine optimale Trainingssteuerung abgeleitet werden. Nach den bewerteten Parametern der Kundin eignet sich der WHO-Test optimal. Leistungsschwächere, untrainierte und leicht übergewichtige Personen können bei diesem Stufentest unter submaximaler Belastung zu einem aussagekräftigen Ergebnis kommen. Der Test wird auf dem Fahrradergometer durchgeführt. Durch die sehr niedrige Einstiegsbelastung von 25 Watt eignet sich der Test optimal für untrainierte Kunden. Es werden alle 2 Minuten eine Steigerung von 25 Watt vorgenommen, bis die Pulsobergrenze der Kundin erreicht wird. Diese errechnet sich nach der Faustformel 180 – Lebensalter. Die geringe Steigerung der Stufen ist definitiv auch von untrainierten Personen zu bewältigen. Somit ergibt sich für die Kundin eine Pulsobergrenze von 151 S/min. Der aktuelle Puls wird während dem Test minütlich gemessen. Die Trittfrequenz soll zwischen 60-80 U/min liegen. Auch diese Umdrehungszahl eignet sich gut für unerfahrene Sportler auf dem Fahrrad. Für ein aussagekräftiges Ergebnis sollten mindestens 4 Stufen vollendet werden. Als Testgröße wird die Wattzahl der zuletzt durchgefahrenen Belastungsstufe bei Erreichen der berechneten Pulsobergrenze verwendet. Die Wattzahl muss eventuell zeitinterpoliert werden. Die erreichte Wattzahl wird in Relation mit dem Körpergewicht gesetzt. Diese Relative Watt-Soll-Leistung kann anhand der Normtabelle für submaximale Radergometertests nach IPN eingeordnet werden.

Tab. 5: WHO-Test

Testart	Stufentest, submaximal
Gerät	Fahrradergometer
Beschreibung	Gleichmäßiger Anstieg der Wattstufen bis zum Erreichen der Pulsobergrenze
Belastung	25 Watt Einstiegsbelastung
Steigerung	Pro Stufe 25 Watt
Stufen	2 Min / Stufe
Trittfrequenz	60 – 80 U/min
Testende	Erreichen der Pulsobergrenze 180-29=**151 S/min**

Tabelle 5 zeigt die Testparameter der Kundin auf. Die Ergebnisse des durchgeführten Tests werden in Tabelle 6 aufgezeigt.

Tab. 6: Testauswertung (eigene Darstellung)

Zeit in Sekunden	Belastungsintensität insgesamt in Watt	Puls der Kundin in Schlägen pro Minute
Beginn	25	89
60	25	103
120	50	109
180	50	116
240	75	124
300	75	129
360	100	137
420	100	144
450	125	151

Nach 7 ½ Minuten wurde bei der Kundin die Pulsobergrenze von 151 S/min erreicht. An dieser Stelle wurde der Test abgebrochen. Zeitinterpoliert ergibt sich eine Wattleistung von 106,25 Watt (7 Minuten; 100 Watt + 30 Sekunden der 125 Watt Stufe; 25/4 = 6,25). In Relation zum Körpergewicht der Kundin ergibt sich eine relative Wattleistung von 1,54 Watt/kg (106,25/69). Gleicht man diesen Wert mit den Normwerten nach IPN ab, so liegt die Kundin unter dem Durchschnitt, welcher bei 1,70 liegt. Bei dem Normvergleich wurden ebenfalls das Geschlecht und Alter berücksichtigt. Das Testergebnis passt zu den bereits verglichenen gesundheitlichen Parametern (Ruhepuls, Blutdruck, BMI) der Kundin zu Beginn. Hier lässt sich ebenfalls ein untrainierter Zustand ableiten, welcher in den Gesamteindruck der Kundin passt und sich mit den Trainingsmotiven der Kundin übereinstimmen lässt.

1.3 Gesundheits- und Leistungsstatus der Person

Die Kundin weist sowohl in den gesundheitlichen Parametern als auch im Testergebnis einen untrainierten Zustand auf. Allerdings sind die Parameter wie der BMI und der Blutdruck nah an den normalen, bzw. hochnormalen Werten. Diese Bereiche können mit gezieltem Training sicherlich erreicht werden. Folgend wird sich der Gesundheitszustand und das Wohlbefinden der Kundin bessern. Es liegen keine Erkrankungen oder großen Einschränkungen vor. Auch auf dem Fahrradergometer konnte die 125 Watt Stufe immerhin 30 Sekunden gehalten werden. In der Trainingsplanung muss berücksichtigt werden, dass es sich um eine Anfängerin im Ausdauersport handelt, somit müssen die Intensitäten gering gehalten werden um zunächst eine solide Grundlagenausdauer zu schaffen. Ebenfalls die angestrebte Stressreduzierung kann durch ein Training mit niedrigen Intensitäten erreicht werden, da der Ausgleich zum beruflichen Alltag mit regelmäßiger Bewegung gewährleistet werden kann.

2 Zielsetzung/Prognose

Aus den Trainingsmotiven der Kundin lassen sich folgende Ziele vereinbaren

Tab. 7: Zielformulierung (eigene Darstellung)

Inhalt	Ausmaß	Zeit
1. Ziel: Senkung des Blutdrucks	Systolisch: 4-6 mmHG Diastolisch: 2-4 mmHG	In 6 Wochen
Wenn das Ausmaß erreicht werden kann, befindet sich die Kundin nicht mehr im Bereich der Hypertonie I sondern wird mit einem angestrebten Wert von 136/87 mmHG in den hochnormalen Bereich eingestuft. Die Senkung des Blutdrucks ist wichtig, um Herz-Kreislauferkrankungen vorzubeugen.		
2. Ziel: Gewichtsreduktion	4 kg	In 6 Wochen
Erreicht die Kundin eine Gewichtsreduktion von 4 kg, so erreicht Sie einen BMI von 24,5 und ist somit auch in diesem Parameter im Normalbereich angekommen. Die Gewichtsreduktion dient der Kundin zum besseren Wohlbefinden und Selbstbewusstsein. Folglich werden die Gelenke, Sehnen und Bänder weniger belastet bei der Fortsetzung eines gezielten Ausdauertrainings.		
3. Ziel: Stressminderung	Verbesserung auf der VAS-Skala um 3 Punkte	In 6 Wochen
Zu Beginn wird mit der Kundin das eigene Stressempfinden mit Hilfe einer VAS-Skala erhoben. (10 = sehr hohes Stressempfinden, 0 = gar kein Stressempfinden). Ordnet sich die Kundin bei 7 ein, ist das Ziel bei der erneuten Erhebung nach 6 Wochen eine Skalierung von 4 oder weniger. Durch die berufliche Assistenzstelle ist die Arbeit der Kundin sicherlich mit einem hohen Druck verbunden. Auch Überstunden und hektische Arbeitstage prägen den beruflichen Alltag. Geplanter und regelmäßiger Sport in Form von Ausdauertraining mit niedrigen Intensitäten können den Kopf frei machen und die Kundin kann in dieser Zeit den Stress hinter sich lassen.		

3 Trainingsplanung Mesozyklus

3.1 Grobplanung Mesozyklus

Tab. 10: Mesozyklus (eigene Darstellung)

Mesozyklus	
Dauer	6 Wochen
Trainingsziel	- Aufbau der Grundlagenausdauer I
Belastungsumfang pro Woche	50 bis160 Minuten
Trainingsmethoden	- Extensive Dauermethode
Trainingsintensität	60-75% Hf_{max}
Trainingshäufigkeit pro Woche	2 bis 3 mal
Dauer pro Trainingseinheit	20 bis 50 Minuten
Trainingsgeräte	Laufen, Radfahren

3.2 Detailplanung Mesozyklus

Tab. 12: Detailplanung Mesozyklus (eigene Darstellung)

Woche 1	Mo		Do	Woche 2	Mo		Do
Trainingsziel	Aufbau GA1		Aufbau GA1	Trainingsziel	Aufbau GA1		Aufbau GA1
Trainingsmethode	Extensive DM		Extensive DM	Trainingsmethode	Extensive DM		Extensive DM
Trainingsintensität	60-70 % HF_{max} 102 –119 S/min		60-70 % HF_{max} 114 – 133 S/min		60-70 % HF_{max} 102 –119 S/min		60-70 % HF_{max} 114 – 133 S/min
Trainingsdauer	30 Min		25 Min	Trainingsdauer	35 Min		30 Min
Trainingsgerät	Fahrrad		Laufen	Trainingsgerät	Fahrrad		Laufen
Woche 3	Di	Do	So	Woche 4	Di	Do	So
Trainingsziel	Aufbau GA1	Aufbau GA1	Aufbau GA1	Trainingsziel	Ausweitung GA1	Ausweitung GA1	Ausweitung GA1

Trainingsme-thode	Extensive DM	Extensive DM	Extensive DM	Trainingsme-thode	Extensive DM	Extensive DM	Extensive DM
Trainingsin-tensität	60-70 % HF_{max}	60-70 % HF_{max}	60-70 % HF_{max}	Trainingsin-tensität	65-75 % HF_{max}	65-75 % HF_{max}	65-75 % HF_{max}
	102 –119 S/min	114 – 133 S/min	102 –119 S/min		124 –143 S/min	111 –128 S/min	124 –143 S/min
Trainings-dauer	40 Min	30 Min	40 Min	Trainings-dauer	35 Min	45 Min	40 Min
Trainingsge-rät	Fahrrad	Laufen	Fahrrad	Trainingsge-rät	Laufen	Fahrrad	Laufen
Woche 5	Di	Do	So	Woche 6	Di	Do	So
Trainingsziel	Stabilisie-rung GA1	Stabilisie-rung GA1	Stabilisie-rung GA1	Trainingsziel	Stabilisie-rung GA1	Stabilisie-rung GA1	Stabilisie-rung GA1
Trainingsme-thode	Extensive DM	Extensive DM	Extensive DM	Trainingsme-thode	Extensive DM	Extensive DM	Extensive DM
Trainingsin-tensität	65-75 % HF_{max}	65-75 % HF_{max}	65-75 % HF_{max}	Trainingsin-tensität	65-75 % HF_{max}	65-75 % HF_{max}	65-75 % HF_{max}
	111 –128 S/min	124 –143 S/min	111 –128 S/min		124 –143 S/min	111 –128 S/min	124 –143 S/min
Trainings-dauer	50 Min	45 Min	50 Min	Trainings-dauer	50 Min	50 Min	50 Min
Trainingsge-rät	Fahrrad	Laufen	Fahrrad	Trainingsge-rät	Laufen	Fahrrad	Laufen

3.3 Begründung Mesozyklus

3.3.1 Begründung zum angestrebten wöchentlichen Belastungsumfang

Die Kundin beginnt die erste und zweite Woche mit jeweils zwei Trainingseinheiten. Der zuvor ermittelte unterdurchschnittliche Trainingszustand ist ein wichtiges Indiz dafür, die Kundin nicht von Beginn an zu sehr zu fordern. Der Belastungsumfang wird von Woche zu Woche leicht gesteigert, da es in den Trainingsmethoden sebst keine Abwechselung geben wird. Auch wenn zu Beginn der wöchentliche Kalorienverbrauch mit ca. 1000 Kilokalorien noch zu gering ist, wird mit der stetigen Steigerung des Belas-tungsumfanges, die verbrannte Kalorienzahl automatisch erhöht werden. In den lezten beiden Wochen kommt die Kundin auf ein Wochenbelastungsumfang von 145 – 150 Minuten. Mit diesem Umfang kann der Blutdruck gesenkt werden und die Energiebereitstellung deutlich mehr an die Fette gelangen. Somit erreicht die Kundin mit der Steigerung des Belastungsumfanges die oben genannten Ziele automatisch.

3.3.2 Begründung zu den ausgewählten Trainingsmethoden

Physiologisch ist die extensive Dauermethode für die Kundin die wirksamste. Die Muskulatur arbeitet über den Fettstoffwechsel unter der Verwendung von Sauerstoff. Die Kundin trainiert in diesem Mesozyklus ausschließlich im aeroben Bereich. Das gesamte Herz-Kreislauf-System der Kundin wird verbessert. Sowohl die Senkung des Ruhepulses als auch die Senkung des Blutdrucks sind positive Begleiterscheinungen des vorgegebenen Trainings im aeroben Bereich. Die Auswahl der Methode spielt auch für die Psyche der Kundin eine wichtige Rolle. Beim Training wird kaum Laktat produziert, durch die geringe Belastungsintensität wird die Kundin mental nicht an ihre Grenzen gehen müssen. Außerdem kommt es zur verbesserten peripheren Durchblutung, was eine sehr positive Wirkung auf den gesamten Gesundheitszustand darstellt. Das Ziel der Gewichtsreduktion spielt hier eine wichtige Rolle. Die verbesserte Fettverbrennung, ausgelöst durch die Erweiterung des aeroben Stoffwechsels (Zintl & Eisenhut, 2014 S.130) führt langfristig zu einer Gewichtsreduktion.

3.3.3 Begründung zur Belastungsprogression

Die Belastungsprogression basiert auf zwei Grundsätzen Häufigkeit vor Umfang vor Intensität (Zintl und Eisenhut 2014) und nach den Trainingsprinzipien im Ausdauertraining.

Beim dargestellten Mesozyklus wird zunächst die Häufigkeit von 2 auf 3 Trainingseinheiten pro Woche gesteigert, bevor es zu einer erkennbaren Steigerung des Umfanges kommt. Zuletzt wird die Intensität der Trainingseinheiten gesteigert. Bei der Kundin handelt es sich um eine Anfängerin im Ausdauertraining, daher werden Umfang und Intensität zunächst nur leicht gesteigert. Um jedoch einen trainingswirksamen Reiz (1. Prinzip) darzustellen, ist es wichtig Umfang und Intensität von Woche zu Woche anzupassen. Gerade zu Beginn des Ausdauertrainings können Kunden schnelle Fortschritte erreichen. Auch die Dauerhaftigkeit und Kontinuität (2 Prinzip) spielen eine zentrale Rolle, gerade bei Anfängern. Er Recht im Ausdauertraining ist ein mehrmaliges Training in der Woche essentiell. Gestartet wird deshalb mit 2 Trainingseinheiten, gesteigert wird jedoch auf 3 Trainingseinheiten pro Woche. Auch die Regeneration (4. Prinzip) spielt eine wichtige Rolle. Bei der Auswahl der extensiven Dauermethode sind die niedrigen Intensitäten wegweisend für die Regeneration, ebenfalls die maximal 3 Trainingseinheiten pro Woche lassen auf eine ausreichende Regeneration schließen.

3.3.4 Begründung zu den angesteuerten Trainingsbereichen

Der Mesozyklus spielt sich ausschließlich im Bereich der Grundlagenausdauer 1 ab. Die Kundin trainiert dadurch hauptsächlich im aeroben Bereich, mit zunehmend vergangener Zeit auch im aerob-anaeroben Übergangsbereich. Die bevorzugte Trainingsmethode hierfür ist die extensive Dauermethode. Das Training zielt darauf ab, die Grundlagenausdauer zu verbessern. Bei der Kundin, welche sich im unterdurchschnittlichen Trainingszustand befindet, ist eine Grundlagenausdauer kaum vorhanden. Daher basiert das Training des gesamten Mesozyklus zunächst auf des Grundlagenausdauertrainings. Es kommt zur Aktivierung und Verbesserung des Fettstoffwechsels sowie zu einer Ökonomisierung und Stabilisierung des Herz-Kreislauf-Systems. Sowohl die Blutdrucksenkung als auch Gewichtsreduktion werden dadurch automatisch abgezielt.

3.3.5 Begründung der ausgewählten Ausdauergeräte bzw. Bewegungsformen

Die Kundin kann theoretisch alle Ausdauertrainingsgeräte nutzen. Sie bringt keine Verletzungen oder Einschränkungen mit. Als Trainingsgeräte wurden das Laufband und das Fahrradergometer ausgewählt. Wichtig ist, dass sich die Kundin im dynamischen Bewegungsablauf befindet. Große Muskelgruppen sollen beansprucht werden. Die Ausdauergeräte werden abwechselnd eingesetzt um Spaß und Motivation langfristig am Training aufrechtzuerhalten. Das Fahrradergometer bietet sich optimal an, um einen Re-Test in der Zukunft optimal durchführen zu können. Durch die beiden unterschiedlichen Trainingsgeräte gibt es ebenfalls leichte Variationen in den Intensitäten.

4 Literaturrecherche

Tab. 5: Literaturrecherche (eigene Darstellung)

	Studie I	Studie II
Wer hat die Studie durchgeführt	Reinhard G. Ketelhut, Ingomar W. Franz, Jürgen Scholze	Anna Lena Bickenbach
In welchem Jahr wurde die Studie publiziert	Januar 2004	2011
Welche Forschungsfrage wurde untersucht	Ist das regelmäßige Ausdauertraining ein Ansatz für die Therapie von Therapie von Hypertonie	
Mit welchen Versuchspersonen wurde die Studie durchgeführt	10 männliche Probanden im Alter von 40 – 46 Jahren. Die Probanden haben einen Blutdruck von 130-159mmHG/85-99mmHG. Während eines Belastungstest ist dieser auf systolisch > 200mmHG und diastolisch auf >100mmHG angestiegen. Diese Werte wurden en zwei verschiedenen Tagen aufgenommen. Keiner der Probanden hat sonstige gesundheitliche Einschränkungen und ist Nichtraucher. Außerdem wurde bei keinem der Probanden eine sportliche Aktivität in der Vergangenheit festgestellt.	Insgesamt haben an der Studie 55 Probanden teilgenommen. Die Gruppe war aufgeteilt auf 42 Männer und 13 Frauen. Die Alterspanne ging von 44 bis 64 Jahre. Die Probanden wurden in verschiedene Trainingsgruppen aufgeteilt. Die hier relevante Ausdauergruppe umfasste 4 Frauen und 9 Männer. Alle Teilnehmer durften keine Herz-Kreislaufkrankheiten oder Herzkrankheiten nachweisen. Voraussetzung ebenfalls war, dass keine Medikamente eingenommen wurden, wel-

		che sich auf den Blutdruck bemerkbar machen konnten. Die Teilnehmer sollten während der Studie Ihre Lebensgewohnheiten in Form von Essen, Rauchen und Trinken ohne Veränderung weiterführen, außerdem sollten Sie sich sportlich nicht regelmäßig betätigen, sowie in die Stufe Hypertonie Grad 1 eingestuft sein. (Seite 22-24)
Wie sah der Versuchsaufbau aus	Die Versuchsreihe startete mit einem Fahrradergometertest mit der Einstiegswattzahl von 50 Watt. Jede Minute wurden 10 Watt gesteigert bis auf 100 Watt. Jede Minute wurde der Blutdruck der Probanden gemessen. Außerdem wurde 5 Minuten nach dem Test ebenfalls der Blutdruck gemessen. Ebenfalls war die Herzfrequenz eine Messgröße während des Tests. Der selbe Test wurde nach 6 Monaten, 18 Monaten und 36 Monaten nach dem angeordneten Trainingsprogramm durchgeführt. Das angeordnete Training umfasst 2 Einheiten mit einem ausgebildeten Trainer. Jede	Die Studie umfasste insgesamt 12 Wochen. Die Trainingsgruppen begannen jeweils das Training mit einem fünfminütigen Warm up auf dem Fahrradergoemter bei 40% der HF-Reserve. Während des Trainingsprogramms gab es eine progessive Steigerung der Intensität und der Dauer. Gestartet wurde mit 20 Min Belastung in den ersten vier Wochen. Woche 5-8 wurde die Dauer um 5 Min gesteigert und ab der 9. Woche ebenfalls auf 30 Min Belastung gesteigert. Die

	Einheit beginnt mit 5 Minuten Warm-Up und endet mit 5 Minuten Cool-Down. In den ersten vier Wochen wurde gewalkt und leicht gejoggt. In den folgenden 5 Monaten wurde das langsame Joggen auf 30 Minuten gesteigert und der Gesamtumfang auf 60 Minuten. Die Herzfrequenz wurde kontrolliert zwischen 60% und 70% der HF$_{max}$ gehalten und der Blutdruck wurde während und nach der Belastung gemessen. Die Probanden sollten Ihre Essgewohnheiten beibehalten und außerhalb der Studie keinen weiteren Sport treiben.	Trainingsintensität wurde zu Beginn auf 50% der HF Reserve festgelegt und alle 2 Wochen um 5 % gesteigert. Außerdem wurden zu Beginn des Test folgende Parameter erhoben: Ruhe EKG, Körpergewicht, Körpergröße, Bauchumfang, Blutentnahmen, Klinische Blutdruckmessung, 24 h Blutdruckmessung, Echokardiographie, Messung der Gefäßelastizität, Messung der Herzfrequenzvariabilität, Ergometrie, Spirometrie. (Seite 25-27)
Relevante Ergebnisse und Schlussfolgerungen	Nach dem angekündigten Test nach 6 Monaten, konnten signifikante Veränderungen festgestellt werden. Wegen der reduzierten Herzfrequenz konnte eine Reduzierung von bis zu 14 mmHG systolisch und 7 mmHG diastolisch festgestellt werden. Nach 1 ½ Jahren konnte ebenfalls systolisch im Schnitt um 12 mmHG systolisch und 11 mmHG diastolisch gesenkt werden nach dem Ergometertest. Ebenfals der Bludruck in Ruhe wurde	Nach dem Trainingsprogram von 12 Wochen konnten folgende Ergebnisse festgestellt werden. Der Systolische Blutdruck konnte in der Trainingsgruppe um 2,35 % gesenkt werden, der diastolische Blutdruck sogar um 3,6%. (Seite 49-50) Um eine Blutdrucksenkung zu erreichen muss nicht immer direkt eine medikamentöse Behand-

	um durschnittlich 6mmHG/5mmHG gesenkt. Nach 3 Jahren wurden die vorherigen Werte bestätigt, in dem eine Senkung von bis zu 16mmHG/15mmHG festgestllt werden konnte. Über 3 Jahre gezieltes aerobes Ausdauertraining wirkt sich der Studie nach sehr positiv auf den Blutdruck aus. Es verringert sich die Herzfrequenz während des Trainings. Die gemessene starke Anpassung der Blutdruckwerte lässt auf eine sinnvolle und wichtige Methodik bei Hypertonikern schließen. Nicht die Intensitäten sondern die Regelmäßigkeit und der Zeitraum spielen hierbei die wichtigen Parameter. Eine wöchentliche Belastung von 60 Minuten ist definitiv für jeden Menschen mit Bluthochdruck zumutbar und daher sollte das regelmäßige Ausdauertraining einer medikamentösen Behandlung vorgezogen werden.	lung durchgeführt werden. Mit gezieltem Ausdauertraining kann ebenfalls der Blutdruck, sowohl systolisch als auch diastolisch gesenkt werden. Diese Empfehlung sollte häufiger angewendet werden, als direkt Medikamente zu verodnen. (Seite 53-54)

5   Literaturverzeichnis

Bickenbach, A. (2012) *Auswirkungen von Ausdauer- vs. Kraftraining vs. Der Kombina tion Ausdauer-/Krafttraining auf die systematische Hämodynamik, Gefäßelasti zität sowie Herzfrequenzvariablilität bei Patienten mit arterieller Hypertonie.* Dissertation, Deutsche Sporthochschule Köln

Ketelhut, R. G., Franz, I. W., Scholze, J. (2004). Regular Exercise as an Effective Ap proach in Antihypertensive Therapy. *Medicine & Science in Sports & Exercise, 36* (1), 4-8.

Mancia G. et al. (2003). *Practice guidelines for the management of arterial hyperten sion of the Europecn Society of Hypertension (ESH) and the European Society of Cardiology (ESC).* Journal of Hypertension, 31, 1925–1938.

Weineck, J. (2003). *Ausdauertraining. Trainingssteuerung über die Herzfrequenz- und Milchsäurebestimmung.* Balingen: Spitta

World Health Organization (2018). Abgerufen am 16. Januar 2019 von http://www.euro.who.int/en/health-topics/disease-prevention/nutrition/a-healthy-lifestyle/body-mass-index-bmi

Zintl, F. & Eisenhut, A. (2013). *Grundlagen – Methoden – Trainingssteuerung* (8. Aufl.) München: BLV

6   Tabellenverzeichnis

BEI GRIN MACHT SICH IHR WISSEN BEZAHLT

- Wir veröffentlichen Ihre Hausarbeit,
  Bachelor- und Masterarbeit

- Ihr eigenes eBook und Buch -
  weltweit in allen wichtigen Shops

- Verdienen Sie an jedem Verkauf

Jetzt bei www.GRIN.com hochladen
und kostenlos publizieren